www.ingramcontent.com/pod-product-compliance
Lightning Source LLC
Chambersburg PA
CBHW021227020426
42331CB00003B/500
9781942912477

بنام آغازگر روشنایی

The name of the light bulb

شبح سیاه

Black Ghost

نویسنده :علی رضا رضایی

writer: Ali Reza Rezaei

عنوان کتاب: شبح سیاه (Black Ghost)

نویسنده: علیرضا رضایی (Alireza Rezaei)

ناشر: هنر برتر، آمریکا (Supreme Art, USA)

شابک: ۹۷۸-۱۹۴۲۹۱۲۴۷۷

این اثر کوتاه راجب دگرگونی های طبیعت و حوادث پیش آمده برای عده ای

انسان بی گناه و سهل انگار به دست خشم وکینه طبیعت می باشد. با خواندن اثر

پی به عمق ماجرا می برید.

This short work is about the transformations of nature and the

incidents that have occurred to innocent and permissive people in

the face of the anger and the nature of nature. By reading the effect

of the deep-seated story.

علی رضارضایی متولد ۱۳۵۳/۱۱/۲۰ از توابع شهرستان محمودآباد مازندران می
باشم.

Ali Razarzai Born on 1975/02/09. I am a rural
resident from the Mahmoudabad city of
Mazandaran

تقدیم به : میترا عزیز به خاطر تمام زحماتش در انتشار این اثر

Dedicated to: Mitra dear for all his efforts in publishing this work

روز در آستانه زوال خورشید و شب با آمدن غروب و تاریکی در پهنه آسمان پخش می شد شهر در تکاپو و جنب و جوش پایانی خود بود.

بادهای تند وزیدن گرفته بودند و روح خشن طبیعت با وزیدن بادهای تند ، ابرهای تیره و سیاه را به همراه آورده بود. سایه وحشت آفرین ابرها بر فراز شهر گسترده شده بودند. غرش بهم پیوستن ابرها در آسمان دلهره بر اندام ساکنان شهر شمالی انداخته بود.

ابر سیاه با خود کینه موجهای خروشان و سرگردان اقیانوسها را به همراه آورده بود.

با هر صدای غرش رعدی دلی را به لرزه وا می داشت ، ابر سیاه آمده بود تا انتقام موجهای خروشان را از خشکی زمین و درختان بی قید و ایستاده و ساکنان آن بگیرد. سایه وحشت ، دامنش را بر پهنه آسمان شهر گسترده بود ، با هر غرش رعدی تیر مرگش تن شاخسار درختان بلندی را در آتش خشم خود می سوزاند و فرو می نهاد.

این ابر در سطح شهر به همراه خود روح دیگری داشت که قصدش جان انسانهایی بود که بی خبر در سطح خیس و بارانی شهر در حرکت بودند. سایه سرگردان ابر سیاه بار برق انباشته خودش را که بر سر هر کسی فرود می آورد ، تنها صدای جیغ و آهی لحظه ایی شنیده می شد. ترس و سکوت و وحشت مرگ شهر را در دلهره فرو می برد.

تنها ابر تیره بود که می غرید ،گاه چنان غرش می کرد که شهر را به لرزه در می آورد هر کسی از ترس و وحشت به گوشه ایی خزیده بود.

شیشه های ساختمان می لرزید و شاخسار درختان می شکستند و به زمین می افتادند.

چند جنازه در گوشه و کنار شهر دیده می شدند ، که به صورت وحشت باری مورد اصابت قرار گرفته بودند و کشته شده اند. خون بر سنگ فرشها به راه افتاده بود ، کسی قاتل را هنگام جنایت ندیده بود و از چگونگی کشته شدن این افراد اطلاع نداشته.

یک تماس ناشناس خبر از مرگ فجیع چند انسان را به اداره پلیس در خیابان ۲۴ شرقی اطلاع داده بود. تماس گیرنده ناشناس یک رهگذر وحشت کرده و ترسان با صدای لرزان بود که ماموران زبده پلیس شهر را به اتفاق ناگواری در شهر آرامشان مطلع کرده بود. بلافاصله پلیس خود را به محل حادثه در خیابان ۲۴ شرقی رساند.

طبق گفته ساکنین محل کسی قاتل یا قاتلین را ندیده بود بجز جیغ بلند و وحشتناک هم زمان با صدای غرش رعد آسای آسمان و نور شدید آتش بار در خیابان چیز دیگری جز چند جنازه دیده نشده بود.

ماموران زبده جنایی تمام منطقه ها را محاصره کردند ، قتل به طرز فجیعی اتفاق افتاده بود ، نیم تنه اجساد مقتولین به شدت سوخته وشکافته شده بود ، علت مرگ برخورد گلوله سوزان که از اجساد عبور کرده بود نشان می داد. ماموران تجسس هیچ گلوله یا پوکه فشنگی را در محل حادثه پیدا نکردند. حمله بیشتر شبیه حمله آدم فضاییها می نمود که با اسلحه لیزری مقتولین را مورد اصابت قرار داده بودند. ولی این نوع حمله با اسلحه لیزری برای مامورین یک فرضیه اثبات نشده بود. ولی علت مرگ توسط پزشکی قانونی و افسر کارشناس صحنه جرم حمله برق آسا و غافلگیر کننده با اسلحه آتش بار لیزری تشخیص داده شده بود.

بعد از جمع آوری اطلاعات از ساکنین محل اجساد مقتولین به سرد خانه پزشگ قانونی برای کشف و بررسی بیشتر انتقال داده شد. تیم تجسس پلیس برای کشف

و دستگیری قاتل و پیداکردن چنین اسلحه مخوف و مرگبار در شهر شمالی به سرعت وارد عمل شدند و اطراف محل حادثه و ساکنین محل را مورد تحقیق و بازجویی برای دریافت اطلاعات افراد ناشناس احیاناً شکل و شمایل غیر انسانی با وسایل و ابزارهای فرا زمینی با مشخصات غیرمعقول انسانی مورد تحقیق و تفحص قرار دادند. ولی لطلاعات مورد توجه خاصی دریافت نکردند که حاکی از وجود چنین افراد غیر زمینی را تائید کنند. تحقیقات در جریان بود. افراد پلیس در سطح شهر در گشت زنی و رفت و آمد بودند.

سایه سرگردان ابر سیاه بر سر شهر شمالی سایه وحشت خود را گسترده بود تیر برق آسای درخشانش بر سر هر کس که فرود می آمد تنها صدای آه و جیغی شنیده می شد ترس و سکوت وحشتناکی همراه با غرش آسمان شهر را در دلهره فرو برده بود. ابر تیره تنها می غرید آنچنان غرش میکرد که شهر به لرزش در آمده بود. هر کس گوشه امنی پیدا کرده بود و در آن پنهان شده بود. صدای زوزه باد و غرش آسمان شیشه هارا می لرزاند و گاهی به شدت پنجره ایی بسته می شدند و شیشه ایی می شکست. طی تماس فردی با اداره پلیس خبر از برخورد گلوله ایی نورانی به شاخه درخت خانه اش از طرف پارک روبروی خانه اش می داد.

پلیس برای بررسی و دستگیری مجرم احتمالی سریعاً به محل رفتند و اطراف محل حادثه و پارک را مورد تجسس قرار دادند.. ساکنین خانه و فرد تماس گیرنده محل اصابت گلوله و شکستن شیشه پنجره و شاخه درخت را به ماموران پلیس نشلن داد و ابراز داشت که نور شدید و گلوله آتشین از طرف پارک با شدت تمام با صدای شدید به درخت برخورد کرده است و ترکش شی آتشین شیشه پنجره خانه را در هم شکست.

ماموران اظهارات صاحب خانه و شواهد مستند در محل حادثه را یاداشت و بررسی کردند و جز شیشه شکسته و شاخه در هم شکسته و سوخته شده در یک نقطه چیز خاصی پیدا نکردند، در اطراف پارک هم چیز خاصی یافت نشد که دال بر وقوع جرمی در منطقه فوق باشد و محل را ترک کردند

مردم بی خیال از همه چیز در حرکت و رفت و آمد بودند گاهی صدای غرش ابرها شنیده می شد، مانند روز و شب گذشته و کسی خبر از هولناکی این سایه سیاه مرگبار نداشت ، وقتی تیر مرگش در منطقه ایی فرود می آمد ، تنها وحشت و دلهره باقی ماند.

روح تنها و خبیث ابر سیاه ، تازه چنگالهای خون افشان و مرگبارش رابر سر درختان و دکلها و مردم بی خبر گسترده بود.تمام خشم و کینه طبیعی اش در پهنای سیاه خوف آور ابر سیاه پنهان شده بود چنان از بالا بر سر قربانی فرو می آمد که فرصت فرار برایش پیش نمی آمد.

قطرات یخ با تگرگ از دامنش همانند سنگ به زمین فرو می بارید صیادی پنهان در دل سیاهی و تاریکی به دنبال شکارش آمده بود. شب فرا رسیده بود شهر کم کم از ازدهام و رفت و آمد خالی می شد مردم به خانه هایشان باز می گشتند ، تعداد اندکی بی خبر از همه چیز در گوشه و کنار در رفت و آمد بودند.

ابر سیاه آمده بود تا برق آذرخشش را در پهنه شهر خالی کند تا خشم تنهایی وتیر گیش را فرو نشاند کینه و آذرخشش را تنها جان و خون انسانهای بی خبر از خیسی زمین سیر آب می کرد. در گوشه ایی باز قربانی بی خبری در حال عبور بود. صدای مهیبی ، در پهنه آسمان عظیم ، تیری از کمان آذرخش رها شده بود.

به همراه رعد مهیب آذرخش صدای جیغ بلندی در منطقه ۱۳ شنیده شد در تاریکی انبوه درختان خیابان ۱۳ نعش بی جان و خونین انسانی بر سنگ فرش کف خیابان دیده می شد ، خون از کنارش به راه افتاده بود ، تلفن دستی شکسته ای درکنارقربانی افتاده بود.مرد نگون بخت با چشمانی باز جان داده بود. معلوم بود قاتل را به چشم دیده بود ، قاتل سریع تر از او عمل کرده بود حتی فرصت نکرده بود مشت گره کرده اش را به صورتش بکوبد تا جانی خبیث نتواند این گونه وحشت آور جانش را از وجودش بیرون کند.

یکی از اهالی خیابان سیزدهم هنگام عبور جنازه بی جان مقتول را در کف خیابان دید و سریعاً به پلیس اطلاع داده بود

عجله کنید ، که در منطقه سیزدهم جنایتی رخ داده است ، انسانی به طرز فجیعی به قتل رسیده است من ساکن این منطقه هستم و هنگام عبور با این صحنه وحشتناک روبرو شده ام.

صدای آژیر ماشینهای پلیس شنیده می شد ، ماموران با تجربه پلیس به محل رسیده بودند ، به دستور کمسیر پلیس منطقه و خیابانها ی اطراف توسط نیروههای ویژه محاصره شد.

بازپرس ویژه و پزشک قانونی جنازه فرد قربانی را مورد بازرسی و معاینه قرار داده اند. مدارک شناسایی و اوراق هویت مقتول و مقداری اسکناس در جیب مقتول وجود داشت وتلفن دستی وکارت شرکت محل کار و شماره تلفن محل کار همراه قربانی که در کنارش به روی زمین افتاده بود. به نظر می آمد مقتول ، قاتل را از دور دیده بود و سعی کرده بود با تلفن دستی با کسی یا جایی تماس برقرار کند ولی فرصت این اقدام قبل از انجام او توسط ضارب مسلح با شلیک مرگبارش گرفته شده

بود.قربانی فرصت هیچ حرکت خاصی را پیدا نکرده بود.قتل شبیه به قتل خیابان ۲۴ شرقی با همان اسلحه و خشونت تروریستی به وقوع پیوسته بود.

حدس و گمانها بر این زده شد که قاتل از قبل مقتولین را شناسایی یا با آنها رابطه کاری داشته است. هر دو قتل از افراد کارکنان شرکت تجاری بوده اند ولی سرقتی از اموال مقتولین صورت نگرفته بود طبق نظریه پلیس قاتل با مقتولین حسابهای شخصی و کینه و ادوات قبلی داشته است ، که این گونه آنها را مورد حمله قرار می دهد ولی چگونگی داشتن چنین اسلحه مرگباری برای پلیس تعجب انگیز و غیر باور بود. شرح واقعه از افراد عبوری و همسایگان محل و چگونگی قتل مورد بررسی قرار گرفت ، کسی قاتل را ندیده بود. تنها صدای جیغ وحشتناک و صدایی غیر معمول و بلند و ترستاک ، شخصی از اهالی همان منطقه ، اینگونه بیان می دارد من در خانه ام مشغول تماشای تلویزیون بودم ، صدای جیغ دردناک وحشتناک انسانی را از بیرون شنیدم ،سراسیمه پریدم و به کنار پنجره آپارتمانم آمدم ، احساس کردم کسی شتابان بین درختان بلند مخفی می شود تا دیده نشود.

چند مامور به همراه سگ های تعلیم دیده تمام منطقه و لا به لای درختان را وارسی کردند و حتی پارک محل حادثه را مورد بررسی قرار دادند در گوشه ایی از انبار و سرویسهای عمومی پارک و انبار وسایل نظافتچی های پارک چند انسان ژولیده روی تکه مقوایی به خواب رفته بودند. پس از بررسی وسایل آنها و بررسی جو اطراف برای مامورین معلوم شد آنها از کارگران نظافتچی های پارک هستند و اطلاع خاصی از حادثه قتل در آن منطقه ندارند و کسی یا فرد مشکوکی را در پارک ندیده اند. جهت اطمینان مدارک شناسایی و اسم و آدرس و مشخصات آنها ثبت شد و از آنها خواسته شد هر گونه حرکت مشکوک یا فرد یا افراد مظنون را به اطلاع پلیس

گزارش بدهند و خود نیز من بعد هنگام خواب ، درب محل استراحت خود را قفل کنند تا دچار حادثه و مشکل نشوند.

بعد از ساعتی جستجو چیز مهمی کشف و شناسایی نشد. جنازه به دستور کمیسر پلیس به پزشکی قانونی برای تحقیقات بیشتر انتقال داده شد.

اهالی محل هم پس از رفتن مامورین پراکنده شدند و هر کس به خانه خود رفته بود، تنها جایی وقوع یک قتل و جنایت بر سنگ فرش خیابان حک شده و مانده بود که برنگ سفید دیده می شد و اثر خون قربانی در اطراف محل حادثه دیده می شد.

پس از ساعتی باران و عبور وسایل نقلیه محل جنایت کم کم محو شده بود صبح روز بعد انگاری هیچ اتفاق خاصی در این نقطه نیفتاده بود. باران به شدت در حال باریدن بود و سطح معابر خیابانها زیر آبهای روان پنهان شده بود.

غرش ابر سیاه تا صبح دم ادامه داشت ولی اهالی شهر در آرامش و گرمی سقف بالای سرشان در خانه هایشان مشغول استراحت بودند. بی خیال آن اتفاقات بیرون از خانه هایشان. کسی فکر نمی کرد ممکن است قربانی بعدی شبه سیاه باشد.

با فراسیدن صبح زندگی دوباره به جریان افتاده بود مردم با عجله در حرکت و رفت و آمد ، جنب و جوش بودند هر کسی پی کاری بود.

اتوبوس و تاکسی ها در سطح شهر در حال جابجایی مسافران در رفت و آمد و زندگی در جریان بود. آسمان تیره و بارانی و گرفته بود.

شبه سیاه با برق آذرخشش ، خنده ترسناک و وحشتناک خود را گهگاهی در فضا پخش می کرد. هنوز ابر سیاه بر سر اهالی شهر جولان می داد. زیر پایش در سطح

شهر همه دیده می شدند ولی کسی بفکر او نبود و تصورش را نمی کرد که ابرسیاه باعث آن همه فاجعه هولناک شب های گذشته شهر می باشد.

روزنامه های صبح خبر دو جنایت فجیح را با تمام جزئیات، با آب و تاب فراوان چاپ کرده بودند. تصاویر مقتولین در صفحه اول حوادث با شرح ماجرا مفصلا تیتر زده شده بود و خبر از دو جنایت مشابه در دو منطقه متفاوت را در شامگاه دیروز توضیح داده بودند. خبر از کشف دو جنازه توسط کارآگاهان پلیس جنایی در دو منطقه ۲۴ شرقی و ۱۳ شمالی را اعلام داشتند، قربانیان کشف شده به طرز فجیح به قتل رسیده بودند طبق شواهد اولیه اقدام یک قتل غیر تروریستی و سازمان یافته را نشان می داد ولی فرد یا افراد قاتل باید بسیار باهوش و زیرک و با سلامی بسیار خطرناک و مرگبار می بوده که پس از جنایت از صحنه جرم متواری شده بود.به گفته یکی از شاهدان قاتل بعد از جنایت به سرعت از منطقه دور شده است.

کارآگاهان جنایی قاتل را بی رحم و خطرناک معرفی کردند و به گفته رئیس پلیس جنائی قاتل با بی رحمی تمام مقتولین را به قتل رسانده است. طبق نظریه کارشناسی پلیس هنوز نوع اسلحه یا سلاح مورد استفاده قاتل پیدا یا شناسایی نشده بود ولی بعضی از خبرهای ضدو نقیض حاکی از استفاده قاتل ار نوعی سلاح پیشرفته و مخرب لیزری یا آتش بار الکترونیکی عنوان شده بود.

طبق نظر کارشناسان پزشکی قانونی بر شهای عمیق و سوختگی های اطراف برشها در سطح بدن مقتولین نشان از یک حمله غافل گیرانه و سریع با زخمهای باز در قسمتی از بدن مقتولین ذکر شده است که توسط اسلحه های با قدرت فرستادن ، پالسهای قوی الکترونیکی و نوری فراموج بسوی مقتولین را تشخیص داده بودند

که معمولاً از فاصله نزدیک به مقتولین شلیک شده و آنها را مورد اصابت قرار داده بود و در دم جان آنها را گرفته است.

به گفته یک منبع ناشناس در پلیس ، تحقیقات وسیع و دامنه داری برای شناسایی و کشف مراکز تولید و نگهداری این گونه سلاحهای مرگبار در حال انجام و بررسی است و پلیس برای شناسایی افراد مظنون و جانیان خطرناک که در سالهای قبل از شهرهای مجاور یا مناطق دیگر وارد شهر شده اند مورد تجسس و و پیگیری قرار گرفته اند ، ولی تاکنون فرد خاصی یا افراد مظنونی را بازداشت نکرده بودند که به اطلاع عموم مردم برسانند.

خبر وقوع قتلها به سرعت در سطح شهر پخش شد و مردم برای اطلاع بیشتر به باجه های روزنامه فروشی هجوم آورده بودند و در کسری از ساعت اکثر روزنامه های صبح به فروش رفته بودند.

برای مردم شهر شمالی چنین حوادث مرگباری بسیار نادر و شوکه کننده بوده و آنها را از وقوع چنین حوادثی در این شهر آرام متعجب کرده بود و ترس و دلهره در بین مردم از وجود قاتل ناشناس در بینشان بیشتر بر اضطراب مردم افزوده بود.

ترس و وحشت به وضوح بر چهره مردم نمایان بود و با ترس به یکدیگر نگاه می کردند . وحشت عجیبی بین مردم رسوخ کرده بود که همه را نسبت به هم مشکوک و نگران کرده و امنیت آنها را به مخاطره انداخته بود. مردم در هر مکان عمومی خواهان دستگیری مجرمان و جنایت کاران فرا ری بودند و خواهان پاسخگویی مسئولین نسبت به وقوع چنین حوادث وحشتناکی در شهرستان و اطلاع مردم از چگونگی کنترل مسئولین بر عدم تکرار چنین حوادث در ساعت آینده و دستگیری قاتلین فراری در کمترین زمان ممکن توسط پلیس شده بودند.

پلیس در بخش خبری محلی از مردم تقاضا کمک در شناسایی افراد مظنون و هشدارهای لازم برای دوری از افراد ناشناس و عدم حضور در مکانهای خلوت به تنهایی و شب هنگام در حد امکان به علت فراری بودن قاتل و عدم شناسایی قاتل و یا قاتلین دیر وقت در خیابانها رفت وآمد نکنند و از فرستادن فرزندان خود برای خرید در هنگام شب خودداری کنند و مشاهده افراد مشکوک و ناشناس را در اطراف منزل و محل سکونت خود را به اطلاع پلیس برسانند. به گفته پلیس قاتل فردی فرز و زیرک و بد هیبت با قدی کشیده و بلند می باشد که هیچگونه انسانیتی را در مواجعه با خطر رعایت نمی کند و با بی رحمی تمام دست به جنایت می زند.

پلیس هر آن برای دستگیری قاتل و حفظ امنیت شما آماده می باشد وحشت شهر را گرفته بود ، همه از قاتل فراری صحبت می کردند.هر کسی نظری می داد و حرفی می زد وفرد قاتل را انسانی خون آشام وقصی و قلب معرفی می کرد که انسانیتی را رعایت نمی کند، کسی دیگر قتلها را به مسائل حیثیتی ربط می داد و کسی دیگر اختلافات درون شرکتی و دزدی و سرقتهای مالی را علت وقوع قتلها می دانست و خلاصه هر کس به دید خود قاتل را تعریف می کرد.کسانی هم فرد قاتل را دیوانه وحشی خطاب می کردند و می دانستند جنون خون ریزی و جنایت به سرش زده بود. عده ایی هم امکان ورود انسانهای فرا زمینی و دست داشتن این چنین موجودات غیرزمینی را در چنین رخداد عجیب وحشتناکی غیر ممکن نمی دانستند و با بیان شک پلیس از نوع اسلحه ضاربین و قاتلین به نوعی پیشرفته یک اسلحه لیزری و الکتریکی دال بر ورود انسانهای فضایی یا موجودات عجیب فرا زمینی به شهر شمالی می دانستند که هر کس برای خود حدس و گمانی را مطرح می کرد.در اکثر اماکن عمومی ، ادارات ، بحث داغ روز حادثه رخ داده در شهر بود

و مردم با دلهره تردید به دیگران نگاه می کردند ، آنچنان وحشتی بر مردم حاکم شده بود که اگر کسی کنار دست کسی حرکت نامربوطی می کرد داد و فریاد کمک خواهی بلند می شد. کسی جرات رفتن به پارکها و باغهای اطراف شهر را نداشت ، شبح مرد قاتل در همه جا سایه افکنده بود، در شرایطی که مردم دنبال قاتل خیالی خود می گشتندابر سیاه با شبح آذرخش خود در بالای شهر بر فراز آسمان خراشها جولان می داد انگار دنبال قربانی می گشت.

ابر سیاه و تایک با صدای رعب آور و رعد آسایش بر وحشتها می افزود ابر سیاه و باران زا همین گونه بود و فرقی به حالش نداشت چه اتفاقی برای چه کسی می افتد.

برق آذرخش و خون ریزش تیرهای خشم و کینه اش را در کمان رعد آسایش آماده داشت و هر از گاهی بر سر درختی و دکل برقی فرو می بارید و قسمتی از شهر را در خاموشی فرو می برد.

مردم شهر بی خبر از پهنه آسمان به دنبال خبر دستگیری قاتل فراری در سطح شهر توسط پلیس بودند. رئیس پلیس شهر نسبت به روز قبل نیروهای بیشتر و کار آزموده تری را در سطح شهر برای مراقبت و گشت زنی فرستاده بود.

شهر کمی از حالت عادی و معمول خارج شده بود. تاریکی شب و سیاهی ابرهای تیره شهر را در تاریکی خود فرو می بردند و سیاهی و تاریکی در پهنه خیابانهای شهر در حال پخش شدن و نشستن بود. چراغهای معابر سطح خیابانها روشن شده بود اما کم نور و بی رمق نشان می دادند. ابر سیاه و کینه توز بر تاریکی آسمان و زمین افزوده بود.شب تازه فرا رسیده بود بادهای تند و خرد کننده وزیدن گرفته بود.

در پهنه آسمان صدای مهیب برخورد آذرخش رعد آسایی دل ها را فرو ریخت و آنی برق شهر قطع شد ، رعد و برق شدیدی بر سر دکل انتقال نیروی فشار قوی شهر بر خورد کرده بود و سیمهای آن را از بین برده بود و برق شهر قطع شد.

شهر در تاریکی فرو رفت ، مردم در خیابانها در حال رفت و آمد بودند . شهر در خاموشی ، خیابانها تاریک شده بود مردم وحشت زده و هراسان بسوی خانه های خود باز می گشتند و ترس روبرو شدن با قاتل فراری دلهره بر اندام آنها انداخته بود.

کوچه پس کوچه های شهر تاریک بود ، هر آن ممکن بود قاتل فراری از گوشه ایی بیرون بیاید و جان کسی را بگیرد. صدای جیغ و فریاد در هر گوشه ایی شنیده می شد. هر کس تا سایه ایی می دید ، فریاد می کشید. ترس بود و وحشت که مردم را هرسان کرده بود.

در خیابان هفتم صدای چند جیغ بلند شنیده شد صدای جیف و فریاد از یکی از کوچه های فرعی خیابان هفتم بود، چند نفر از کمی دورتر پشت ساختمانها نور شدیدی مایل به زردی را دیدند ، برای چند لحظه سایه ایی در کوچه دیده شده بود.

چند نفر با هم سراسیمه به طرف جیغ ها دویدند، سه نفر روی زمین افتاده بودند و جنازه آنها دیده می شد... شخصی با اداره پلیس تماس گرفته و تقاضا ی کمک فوری کرده بود هر سه قربانیان در دم جان باخته بودند.

پس از چندی پلیس و ماموران ویژه پلیس و اورژانس خدمات اضطراری به محل حادثه آمدند.جنازه ها با کمی فاطله جدا از هم در وسط کوچه افتاده بودند.یکی از سر مورد اصابت قرار گرفته بود ، یکی نیم تنه بدنش از قسمت چپ مورد اصابت

قرر گرفته بود و یکی قسمت میانی جناقش از بالای سینه شکافته بود هر یکی به طور فجیعی به قتل رسیده بودند. که چندان قابل شناسایی نبودند.

بعد از زحمت و تلاش فراوان ماموران اداره برق و وصل کابلهای پاره شده دکل فشار قوی برق شهر وصل شد.

چند عابر خیابان هفتم به همراه هم به صحنه جنایت خود را رسانده بودند و یکی با پلیس تماس گرفته بود موقعیت را شرح داده بود. چراغها ی زرد و قرمز و آبی گردان پلیس به همراه آژیر دیده و شنیده می شد.

ماموران پزشکی قانونی به همراه کمیسر جنایی پلیس مشغول تجسس بر روی جنازه های مقتولین بودند. وسایل شخصی ، کیف همراه و پاکتهای میوه پخش شده روی زمین ، تلفن دستی شکسته چیزی از وسایل شخصی و جیب مقتولین کم نشده بودسرقتی رخ نداده بود.قاتل قصد سرقت از مقتولین را نداشت، چون به همراه یکی از مقتولین پول زیادی دیده می شد اگر قاتل سارق بود باید پولها را بر می داشت. یکی از مقتولین که صدمه بیشتری به سر و صورتش وارد شده بود و شناساییش دشوار بود زن جوانی بود که کیف دستی او را کمی دورتر از جسد ش پیدا کرده بودند. داخل کیف اوراق هویتی و چند عکس دونفره و مقداری از جواهرات و پول دیده می شد. جواهرات دست نخورده داخل جعبه قرار داشت ، هویت کارت شناسایی زن جوان را ۲۸ ساله نشان می داد.. این زن جوان و مرد افتاده در نزدیکی اش ، زن و شوهر نگون بختی بودند که از خرید بر می گشتند.

هویت مرد دیگر نشان از فردی می داد که چندان زیاد نمی بود که ساکن این شهر شده بود و به نوعی غریبه بود.شاهدان در صحنه جنایت شرح واقعه را اینگونه بیان کردند که به سمت خانه خود در حال عبور از خیابان هفتم بودند که نرسیده به سر

پیچ این کوچه در این محل صدای فریاد و جیغ بلندی به گوش رسید و آنها سراسیمه برای کمک با هم به سوی این مکان دویدند و وارد شدند تنها چیزی که از قبل صدای جیغ و فریاد دیده بودند نور شدید و سایه دراز و بلند روی دیوار را به روی محل حادثه بوده که به همراه صدای شدید غرش آسمان دیده بود و بعد آن تاریکی و جنازه چند انسان روی زمین،، کسی یا چیز دیگری ندیده بودند.

پلیس در کنار یک جنازه که کمی عقب ترافتاده بود رد یک موتور قوی و پرقدرت را شناسایی کرد که به سرعت از آن مکان دور شده بود. ماموران اظهارات شاهدان صحنه را مو به مو یادداشت کرد و آدرس محل سکونت و شماره تماس آنها را گرفتند تا در موقع لزوم برای پاره ای اظهارات به اداره پلیس فرا خوانده شوند.

بازپرس جنایی و پزشکی قانونی هر سه قتل را با یک نوع اسلحه و از فاصله نزدیک و مشابه قتل های فجیع قبلی تشخیص دادند. کمیسر پلیس اجساد قربانیان را برای بررسی و تحقیقات بیشتر به سردخانه پزشکی قانونی ارجاع داد و دستور انتقال آنها را صادر کرد ماموران در محل حادثه هیچ نوع پوکه فشنگ یا سرنخ قابل ملاحظه ای را کشف نکردند. قاتل بعد از جنایت از محل گریخته بود. رد موتور فراری به روی سنگفرش خیابان نمونه‌گیری و عکس برداری شد.

گزارشگران تلویزیون محلی از اولین لحظات پیداشدن قربانیان در محل حادثه حاضر شده و مشغول تهیه گزارش زنده برای بینندگان و شنوندگان خود شدند. آنها از رئیس پلیس و کمیسیون جنایی چگونگی قتل و رد فرار موتور ضارب و نوع اسلحه پرسش‌هایی را مطرح کردند. رئیس پلیس اظهار داشت قاتل با برنامه‌ریزی دقیق و مشخص مقتولین را دنبال و شناسایی می کند و در مکان های خلوت و کم تردد آنها را از پای در می آورد خبرنگار ضمن سوال از رئیس پلیس می پرسد تاکنون

مدرکی دال بر شناسایی هویت قاتل و اثر انگشت و نوع اسلحه و گلوله قاتل به دست آمده است آیا وسیله موتوری فرد قاتل شناسایی شده است؟ رئیس پلیس در جواب گزارشگر می گوید تاکنون چیز مشخصی به دست نیامده و کسی هم در این رابطه دستگیر نشده است و مدرک خاص و مستندی در اختیار ما نیست تا قاتل را شناسایی کنیم ولی تیمی از کارآگاهان زبده ما مشغول شناسایی و به دست آوردن مدارک مستدل و قابل قبول قاضی میباشند تا قاتل را دستگیر کنیم. تاکنون این موضوع ثابت شده است که فرد جانی خطرناک بی رحم می باشد که به دلایل جنون آنی دست به آدم کشی میزنند ولی انگیزه اش از این نوع جنایات مشخص نشده است.

تیم کارشناسی پزشکی قانونی مشغول کشف و بررسی علل قتل ها هستند کمیسر پلیس هم با بیان چند جمله محکم قول دستگیری سریع قاتل را در اولین لحظه ممکن و مجازات قاتل به خاطر اعمالش رو به دوربین خطاب به مردم اعلام و قول پیگیری سریع حادثه را داد و رو به گزارشگر این گونه بیان کرد قاتل در هر کجای شهر مخفی شده باشد ماموران زبده ما او را به دام خواهند انداخت و از این لحظه جایی برای فرار او امن نیست و جایی برای فرار و مخفی شدن نخواهد داشت من از همین مکان به مردم شهرمان اعلام می دارم ما در اسرع وقت قاتل را دستگیرخواهیم کرد وبه دست قانون خواهیم سپرد. شواهد نشان می داد قاتل در جاهای خلوت و دنج جنایات خود را انجام می دهد و به سرعت متواری می شد قتل از قبل برنامه فرار و مکان پنهان شدن اش را شناسایی و آماده می‌کرد و بعد جنایت سریعاً به مخفیگاه خود فرار میکرد.

پلیس برای پیدا کردن قاتل از سگهای با شامهای قوی برای پیدا کردن رد قاتل استفاده کرده بود، سگ های تعلیم دیده پلیس برای پیدا کردن مخفیگاه قاتل به همراه ماموران زبده مشغول گشت زنی در سطح شهر شدند طبق دستور رئیس پلیس تمام گذرگاه های سطح شهر و خروجی های شهر بسته شد تا احتمال فرار قاتل را بگیرند. دستور توقف تمام موتورسواران و بازدید دریافت کارت اوراق وسیله موتوری و کارت شناسایی راکبان آن داده شده بود. در پایان گزارش خبرنگار با بیان این نکته که ما هم امیدواریم هرچه سریعتر جانی خطرناک دستگیر و به قانون سپرده شود تا آرامش و امنیت دوباره در شهر حاکم شود.گزارش ضمن تشکر از بینندگان و شنوندگان تلویزیون محلی برنامه را به پایان برد.

ساعت ۹ شب بود که رئیس پلیس دستور برگزاری نشست امنیتی در اداره پلیس را صادر کرد و تمام افسران و ماموران درگیر در پرونده جنایی را جمع کرده تا مراتب نگرانی مقامات ارشد رابه اطلاع افسران و مأموران پرونده برساند. رئیس پلیس با بیان نگرانی مقامات ارشد از قتل های مشکوک در سطح شهر و متشنج شدن اوضاع اجتماعی خواستار رسیدگی فوری و دستگیری قاتل در ساعات آینده شد. با دستور رئیس پلیس بعد پایانه جلسه، تمام واحد های گشتی پلیس و ماموران باید وارد خیابان های شهر شوند و تمام مناطق را قدم به قدم به دنبال قاتل فراری بگردند تا او را دستگیر کنند ضمناً پلیس دستور کنترل عبور و مرور شهرها و متوقف کردن موتور سواران جهت شناسایی موتور سوار متواری اعلام کرد.

او بیان کرد.که مقامات ارشد اش از او جواب قانع کننده و گزارش مبنی بر دستگیری یا شناسایی قاتل فراری را می‌خواهند و او باید جوابگو مقامات ارشدش باشد. او ضمن تذکر به کمیسر پلیس به او مهلت کوتاهی برای دستگیری قاتل و تحویل او

را داد و تهدید کرد در غیر این صورت او را از این پرونده خلع خواهد کرد. و پرونده را به دست فرد لایق دیگری خواهد سپرد. به دستور رئیس پلیس ماموران کار خود را در سطح شهر آغاز کردند و در سطح شهر با سگ های تجسس پخش شدند. گزارش لحظه به لحظه به مرکز کنترل و فرماندهی پلیس میرسید. بعد از ساعت ها جستجو هیچ رد مدرک مشخصی از قاتل فراری یافت نشده بود. باران به نرمی در حال باریدن بود گاهی به شدت می بارید و گاهی هم وزش شدید باد باعث شدت باران می شد. کسی به فکرش خطور نکرده بود که ممکن است شبح سیاه و جانی و قاتل مرموز در ابرها مخفی شده باشد. و از بالای سر مقتولین را از پای درآورده است. ابر سیاه تا نزدیکی زمین پایین آمده بود آن چنان با خشم می غرید و می بارید که خشم پنهان و غرش موج های بلند اقیانوس می توانستند از صدای غرشش شنید، لرزه به اندام آدمی می انداخت، کسی فکر نمی کرد که ممکن است ابر سیاه ورعد و آذرخش در بالای سرش با خود مرگ و فاجعه ای را داشته باشد. شبح مرگ در ابر ها مخفی شده بود، خشم و نفرت از چنگال های رعد آسا و دلهره آور ش نمایان بود بی محابا می غرید گاهی آنچنان پایین می‌آمد که صدای زوزه هوهو و غرشش را با کمی دقت می‌توانستند بشنوند. ابر سیاه شبح ترسناک داشت لذت می برد که صدای غرش وحشت آورش را می شنوند و کاری از دستشان برنمی‌آمد. ابر سیاه هنوز برق آذرخش مرگ بارش تمام نشده بود هنوز انرژی بی‌پایانی را در خود جای داده بود و به همراه داشت تا بر سر درختان و دکل های برق آنتن های بلند خالی کنند و آنها را در هم بشکند حرکت خشمگین بر سر مردم شهر مشهود و معلوم بود حرکت ابرهای سیاه در پهنه آسمان به وضوح دیده می‌شد اگر کسی به دقت نگاه می‌کرد می‌توانست جریان و تلاطم رد آسایش را به خوبی ببیند و از آمدن خطر به سویش با خبر شود، آنقدر با خشم می‌غرید که انگار از در و دیوار خانه ها

می خواست وارد ساختمان ها شود ،بنظر مردم شانس آورده بودند که پنجرها بسته بود و امکان وارد شدن اش به داخل خانه ها نبود.

اگر عایق اتصال ارت ساختمان ها نبود او می توانست چنگال‌های آذرخش را وارد خانه ها کند و گلوی قربانی‌هایش را بفشارد تا خون از لابه لای پنجه های قدرتمند و برق آسایش چکه کند، درست است او قربانی هایش را در فضای باز و خیس وغیر عایق معابر و درختان بلند می گرفت. شب از نیمه گذشته بود هنوز ماموران قاتل فراری را دستگیر نکرده بودند کمیسر پلیس روی پایش بند نبود با خشم و اضطراب دستور میداد تمام گوشه کنارهای شهر را به دقت بگردند موتور سواران مشکوک را بازرسی و بازداشت کنند امکان نداشت قاتل فراری در همین شهر مخفی شده باشد باید او را دستگیر می کرد.

ماموران در حال گشت زنی در کوچه خیابان های اطراف شهر به جستجوی قاتل فراری بودند.

شبح سیاه، مرگ بار با رعد و برق آذرخش خشمگین بر سر انسان دیگری فرود آمد این بار ضربه شستش را به ماموران پلیس نشان داد تا انسانها بفهمند چقدر ابرهای سیاه و کینه توز با آذرخش های محصور کننده وحشت آفرینشان مرگبار هستند. این بار مامور کشتی پلیس به همراه سگ ردیاب در خیابان ۲۱ کوچه فرعی لنگرگاه مشغول گشت زدن بود، مامور مورد اصابت آذرخش مرگ بار قرار گرفته بودو جان باخت. کسی در اطراف دیده نمی شد شبح سیاه و ابر تیره تیره آذرخش را از بالای سر بر فرق مامور نگون بخت فرو برده بود و قسمتی از سرش را متلاشی کرده بود و چنان برق آسا جان مامور را گرفت که او فرصت کشیدن اسلحه کمری اش را پیدا نکرده بود صدای واق واق بلند سگ ردیابش و واق واق مداوم و پی در پی

سگ باعث جلب توجه مامورین دیگر به سمت صدا شده بود. خون از سر و روی مامور نگون‌بخت تمام سنگ فرش کوچه را قرمز کرده بود و با آب جاری سطح کوچه مخلوط شده بود. صحنه دردناکی را ساخته بود سگ به هر سمت حمله ور بود و واق واق میکرد. به نظر می خواست قاتل جانی را با دندانهای تیزش بدرد، هنوز قلاده سگ در دستان بی جان مامور نگونبخت گره خورده بود سگ بیچاره نتوانسته بود که قاتل جانی را مورد حمله قرار دهد واو را تعقیب یا فراری دهد. سگ قلاده به گردن داشت و مأمور بند آن را محکم در دستش گرفته بود شرح حادثه سریعاً به فرماندهی اطلاع داده شد. کمیسر پلیس خود را به محل رساند و دستور داد تا چهار طرف محل حادثه محاصره و خیابان‌های منتهی به محل جنایت مسدود شود.ماشین های پلیس راه های اطراف را بستند مامورین برای پیدا کردن قاتل جستجوی خانه به خانه را در اطراف محل جنایت شروع کرده بودند و قدم به قدم پیش می‌رفتند تمام بندگاه را وجب به وجب گشتند.و اثری از قاتل فراری نبود. کمیسر پلیس بعد از بازدید از صحنه کشته شدن مامور پلیس به تمام نیروهای تحت امرش دستور داد به تنهایی در هیچ یک از محلات و خیابان ها و اسکله و بندرگاه ها گشت‌زنی نکنند قاتل فراری فردی فرصت طلب وخطرناک هست. که در پی فرصتی مناسب برای ضربه زدن و متواری شدن بود، رئیس پلیس دستور داد تمام آپارتمان های نیمه کاره و در حال ساخت انبارهای متروکه اطراف لنگرگاه برای دستگیری قاتل فراری ۱ به ۱ مورد بازرسی قرار بگیرد. بنظر می‌آمد قاتل بعد از جنایت به یکی از انبارها و ساختمان های نیمه کاره محل متواری شده بود. مامور کشته شده جوان ۲۴ ساله بود که چند هفته‌ای از نامزدی اش می گذشت در جیب بغل شلوارش عکس نامزدش در کیف پول کوچکش به همراهش دیده می‌شد. حتی بیسیم همراه مامور درهم شکسته در کنارش افتاده بود به نظر ماموران تجسس

پلیس سگ همراه مامور جان باخته قاتل جانی را قبل از حمله دیده بود ولی حمله به شکل ماهرانه از طبقات بالای یک آسمان خراش نیمه کاره در حال ساخت به طرف مامور گشت پلیس انجام شده بود. علت آن هم واق واق سگ گشتی به طرف آسمان خراش ورو به طبقات بالا می نمود که سگ به سمت بالا توجه می‌کرد ماموران سریعاً طبقات در حال ساخت آسمان خراش را مورد تجسس قرار دادند و اثری از قاتل فراری یا کشف اسلحه ای در آن قسمت نشده بودند. تفنگداران ضربت در اطراف محل موضع تاکتیکی برای مقابله با حمله احتمالی ودرگیری قاتل فراری گرفته بودند.هر آن آماده شلیک و درگیری بودند.

به گفته کارشناسان جنایی قاتل از بالای یکی از واحدهای نیمه ساخته اطراف محل حادثه گشتی پلیس مقتول را مورد حمله و اصابت قرار داده بود. به نظر می‌آمد فرضیه آنها درست بود اگر قاتل از روبرویا پشت سر به مامور گشت حمله می کرد سگ ردیاب قبل از او واق واق میکرد و مامور گشت را از حمله قاتل با خبر می کرد. به نظر کارآگاهان مامور گشت توسط سگ رد یابش بوی قاتل فراری و رد او را در این کوچه منتهی به لنگرگاه گرفته بود ولی احتیاط لازم را انجام نداده بود، قاتل قبل از او به طرفش اسلحه مرگبار ش را نشانه رفته بود وآتش گشوده بود و او را از پای درآورد. تمام ساختمان های اطراف محل حادثه بازرسی شدند به غیر از ساکنین محله وکارگران ساختمانی کسی دیده نشد از تمام ساکنین محل برای دستگیری قاتل تقاضای کمک شد ومختصر سوالاتی به عمل آمد.

اکثراً در آن لحظه در پای تلویزیون یا پای صحبت کردن با موبایل مشغول گفتگو با دوستان و آشنایان بودندن صدای غرش پیاپی آسمان مانع از شنیده شدن صدای دیگر در آن ساعت شده بود طی یکی دو روز گذشته به علت طوفانی بودن هوای

منطقه بادهای شدید کارگران بیشتر در حال استراحت و تماشای فیلم از تلویزیون بودند و کمتر به بیرون میرفتن ورفت و آمد نداشتن و مشغول به کار نبودند. کسی فکرش را نمی‌کرد که در این منطقه چنین اتفاق وحشتناکی رخ بدهد.

شبح سیاه در ابرهای تیر مخفی شده بود و تیر آذرخش مرگبار اش را در مناطق مختلف بر زمین می کوبید و گاهی انسان بی گناه و بی خبری را در کام مرگ فرو می برد

ماموران بعد از ساعت‌ها جستوجو کسی را پیدا نکردن قاتل زودتر از رسیدن ماموران آن منطقه را ترک کرده بود و متواری شده بود به دستور کمیسر جنایی و پزشکی قانونی جسد مامور کشته شده برای تحقیقات به سردخانه پزشکی قانونی انتقال داده شد.

پزشکی قانونی بعد از معاینه جسد مامور نگون بخت حمله را از پشت سر بالاتر از گردن و مشابه با همان اسلحه مرگبار چند قتل قبلی تشخیص دادند و نوع قتل را با قتل های قبلی مشابه و قاتل را یکی می دانستند. تیر اصابت شده به مامور پس از وارد شدن به سر و قسمتی از گردن پایین جمجمه او را متلاشی کرده بود و باعث سوختگی قوی و از بین رفتن عصب کنترلی بدن قربانی شده بود. پزشکی قانونی گزارش کاملی از کالبد شکافی چند جسد و تمام جزئیات مقتولین را به دفتر مرکزی رئیس پلیس ارسال کرد تا پلیس بتواند نوع قتل‌ها و اسلحه به کار رفته در قتل‌ها را سریع تر شناسایی و پیدا کنند. طبق نظریه پزشکی قانونی مقتولین تنها ۳ثانیه بعد از هدف قرار گرفته شدن جان باخته بودند و مرگ در کسری از ثانیه رخ داده بود و فرصت هیچ حرکتی را به مقتولین نداده بود. مسئولین اسلحه شناسی قدرت انرژی الکتریکی وارد به بدن مقتولین را شدیدتر از شوکر برقی و تفنگ برقی پلیس با ولتاژ

وارد بر یک نقطه برابر ۲۵۰۰ وات متغیر به ۱۵۰۰ کیلو وات بر ثانیه به بدن قربانیان تشخیص دادند. که چنین قدرتی می توانست باعث مرگ سریع و آنی یک نفر شود ،طبق نظریه کارشناسان اسلحه شناس چنین اسلحه باید قدرتمند و فوق پیشرفته ولی با برد کم و محدود باشد که تکنولوژی ساخت آن تنها در اختیار چند کشورثالث می باشد. به نظرواعلام رئیس پلیس برای شناسایی قاتل و نوع سلاح آن نیاز به دخالت ارتش مرکزی و عوامل اطلاعاتی سری آنها می بود که برای کشف چنین اسلحه‌ای پلیس توانایی ردیابی یا درگیری را نخواهد داشت.

به همین منظور به دستور رئیس پلیس رونوشتی از گزارشات اتفاقات یکی دو روز گذشته و نظرات کارشناسان اسلحه شناسی وپزشکی قانونی به ستاد ارتش مرکزی فرستاده شد تا آنها هم بتوانند از چند و چون حادثه و نسبت به شناسایی و دستگیری قاتل کمک های لازم را مبذول دارندو اقدامات لازم را به عمل آوردند

گشت زنی ماموران در سطح شهر برای دستگیری قاتل با دقت تمام ادامه داشت تمام افسران و درجه‌داران در آماده باش کامل قرار داشتند رئیس پلیس خود برای هدایت عملیات تجسس در قرارگاه فرماندهی پلیس در حال دریافت گزارشات لحظه به لحظه عملیات گشت و جستجو برای شناسایی و دستگیری قاتل قرار داشت.

ابر سیاه و شبح رعد آسای آذرخش در پهنه آسمان جولان میداد و هر از گاهی صدای غرش رعدآسایش به گوش می رسید.

ابر سیاه و هولناک در عرصه پهناور آسمان پنهان از چشم همه شبح مرگ آور رعد آسای آذرخشش را از جایی به جایی جابه جا می کرد و انگار تمام وقت رفت و آمدهای سطح شهر را می دید و زیر نظر داشت. و گاهی ضربه ای می‌زد و خرابی در قسمتی به بار می آوردو جایی و درختی را از بین می برد.

بنظر تلاش برای شناسایی قاتل فراری ناممکن و بیهوده بود، ابر سیاه با صدای مهیب و وحشتناکی می‌غرید کسی توجهی به او نداشت آنقدر ساختمانهای بلند آنجا بود که کسی به ابرهای سیاه و آذرخش نگاهی نمی انداخت. ابر سیاه با آن همه هیاهو و هیبت وحشتناک اش به نظر کسی دیده نمی‌شد و برای همه این همه تیرگی و جابجایی و سروصدا امری طبیعی و عادی می‌نمود کسی اعتقادی به سیاهی و عمق تیرگی ابر سیاه و برق آذرخش مرگ آفرین باکینه، اقیانوسها و موج های سرگردانش برای آسیب رساندن به زمین خبری نداشت.

ابر سیاه می غرید همان بهتر که کسی مرا نمی‌بیند و نمی شناسد آنان که مرا ببیند در دم جان خواهند داد.

هوا سرد و سوزناک بود قطرات باران شروع به باریدن گرفت کسی در خیابان های شهر دیده نمی شد، بعد از شدت گرفتن باران ماموران هم در گوشه های سقف دار معابر از حرکت باز ایستاده بودند. دیگر صدای غرش ابر ها به گوش نمی رسید.

در روز گذشته شایعه‌ای بین مردم دهن به دهن می‌گذشت که فردی شی نورانی را در آسمان شهر دیده است به نظرمی آمد که موجودات فضایی با یک پرنده فضایی به شهر حمله کرده بودند این شایعه باعث شده بود که مردم کمتر در خیابانها باشند.

ترس و وحشت از حمله فضایی ها باعث ایجاد دلهره و ترس از بالای سر و اطراف برای اکثر افراد پلیس شد بود آنها هم انسان هایی بودند که شایعه های ورود فضایی ها و پیدا نشدن قاتل و همچنین کشته شدن انسانها توسط یک اسلحه پر قدرت الکتریکی را در ذهن خود به حمله فضایی و اسلحه های لیزری تشبیه کنند و از رخ دادن چنین حملاتی به خودشان توسط فضایی ها بترسند.

باران به شدت می بارید سیل آب در معابر و خیابان ها به راه افتاده بود از آسمان به شدت باران می بارید فصل حرکت ابرهای بارانی و سیاه بود و فرصت انتقام از تنهایی و کینه اقیانوس خروشان از زمین و کوه ها و درختان شروع شده بود شبح ابر سیاه با رعد آذرخشش جنگل ها را به آتش کشیده بود، درختان بلند را در هم شکسته بود، کوه ها و سنگ های زیادی را خورد کرده بود، در دشت های باز حیوانات بیشماری را به هلاکت رسانیده بود و پیش می رفت. اکنون به شهر شمالی رسیده بود و با این مردم و زمین کارهای فراوان داشت زخم کینه تنهایی اش التیام نیافته بود باید عقده تنهایی هایش را از زمین می گرفت و چرخه زندگی اش را کامل می کرد. به نظر شبح ابر سیاه شیفته آن بود که تا باران لحظه ای بند می آمد غرش رعد آسایش را به گوش همگان برساند و ایجاد رعب و وحشت کند. کشتن و شکستن سر گرمی رعد و آذرخش ابر سیاه به حساب می‌آمد.

شبح ابر سیاه دنبال قربانی تازه اش بر فراز شهر غرش می‌کرد و صاعقه بر دکل ها و درختان فرو می ریخت آنها را درخشم و تیر آذرخشش فرو می انداخت. تاکنون گرفتار کسی نشده بود، کسی تاب مقابله با او را نداشت. روز داشت در پهنه افق شرق بالا می آمد. خورشید پنهان در پس ابر سیاه قدرت نور افشانی زیادی را نیافت، ابر سیاه پهنه آسمان را پوشانده بود.

بعد ساعت ها جستجو ماموران پلیس موفق به دستگیری قاتل نشدند. ابر سیاه ورعد آذرخش پر کینه تاکنون شش قربانی در شهر به جا گذاشته بود و هنوز سایه شوم مرگ شهر به شهر در حرکت و جابه جایی بود. روزنامه های صبح خبر از چند قتل فجیع می دادند و از قتل های شب نوشته بودند. سر تیتر درشت روزنامه ها این چنین بود، جنایتکار فراری ،قاتل نامرئی

به گزارش خبرگزاری های محلی و خبرنگاران تاکنون شش نفر انسان بی گناه به طرز دلخراشی قصابی شده و به قتل رسیدند قاتل فراری آزادانه در شهر می گردد و پلیس تا کنون نتوانسته او را شناسایی و دستگیر کنند. جانی فراری دیشب طی درگیری با یک مامور پلیس پس از زد و خورد مامور فداکار را به ضرب اسلحه به قتل رسانده و متواری شده است.خبرهای مهم روز همه ازحوادث قتل وجنایات شب قبل شده بود. قربانی بعدی این جانی قاتل چه کسی خواهد بود؟

در همه جا صحبت از قتل ها وجنایتکار فراری بود، با شروع کار ادارات و رفت و آمد مردم در سطح شهر در مقابل تمام کیوسک‌های روزنامه‌فروشی مردم در صف خرید روزنامه اجتماع کرده بودند و می خواستند هر چه سریعترخبر چگونگی قتل ها و شرح وقایع مطلع شوند از چند و چون حادثه اطلاع پیدا کنند باران بند آمده بود نور خورشید از پس ابرها هوا را روشن کرده بود ابر تیره اجازه یکه تازی به خورشید را نمی داد و پرتو خورشید را در حصار تیرگیش محصور کرده بود.

شهر در هم همه انسان ها فرو رفته بود هرکس به سویی در حرکت پی زندگی و تلاش انگار اتفاق خاصی رخ نداده است. شبح ابر سیاه بی خیال وحشت خود را بر زمین درد دل مردم گسترده بود مردم در ترس و رنج و وحشت افتاده بودند.

مردم مشغول کار خود در رفت و آمد بودند. کسی آشنایی چندان با قربانیان نداشت تنها با کمی تاسف سرس تکان می‌دادند. پی کار خودمی‌رفتند.

روی میز دفتر کار کمیسر پلیس چند روزنامه دیده می شد روزنامه ها شرح کامل وقایع و حادثه مرگبار شب گذشته را نوشته بودند، در قسمتی از صفحه روزنامه مطالبی دال بر عدم دستگیری قاتل و بی‌دقتی پلیس در شناسایی فرد قاتل و ناکارآمدی تجهیزات پلیس و امکانات کم در شناسایی قاتل وفیصله دادن به چنین

مسائل مهم به سرعت و دقت در کمترین زمان ممکن شرح داده شده بود و چاپ کرده بودند.

پلیس زیر بار انتقادات سنگین قرار گرفته بود، رئیس پلیس منتظرجواب قابل قبول و گزارش دقیق از طرفی نیروهای تحت امرش بود. کمیسر پلیس گزارش اتفاق پیش آمده قتل مامور پلیس و عملکرد نیروهای تحت فرمانش را به سمع و نظر رئیس پلیس رساند ،کمیسر در جواب رئیس پلیس در مورد چگونگی قتل ها و قاتل از تلاش نیروهای ویژه برای شناسایی قاتل بیان کرد ضمن باهوش زیرک خطاب دادن قاتل اورا فردی بسیار جسور و زیرک در انجام جنایت دانست و با بیان دقت در مخفی شدن و پنهان کاری فوق العاده اش را موجب عدم دستگیری اش توسط ماموران ذکر کرد و سردرگمی مرکز اسلحه شناسی در مشخص کردن نوع اسلحه قاتل و یا مدل اسلحه در دست قاتل که معلوم نشد از چه نوع فشنگی و یا چه توان مشخصی در شلیک به کار می برد. ذکرتوان تقریبی اسلحه و اثرات شلیک این نوع اسلحه با توان متغیر بین ۱۵۰۰ تا ۲۵۰۰ نیرو الکتریکی واندازه و شکل و شمایل احتمالی این اسلحه گزارش مفصل بیان داشت.

ونیزگزارش داد که تا کنون هیچ خبر خاصی از طرف ارتش مرکزی دال بر داشتن چنین اسلحه‌ای و یا وجود آن خبر داد و اظهار داشت تردیدها نشان از وجود یک اسلحه قدرتمند لیزری در دست قاتل می باشد. روش حمله بیشتر کماندویی و نینجایی می باشد که فرصت هر نوع واکنش را از مقتولین گرفته است و در کسری از زمان آنها. را از پای در می آورد و صحنه جنایت را ترک می کند از یک انسان معمولی چنین کارهایی بر نمی آید. شاید هم قاتل هم دستی داشته باشد که او را در خانه اش پنهان و مخفی می کند.

رییس پلیس با عصبانیت: قاتل هرنوع مشخصاتی که دارد باید دستگیر شود و شما مسئول هستید من باید پاسخگو به مقامات بالای خود باشم و جواب قانع کننده ای ارائه دهم. آنها خواهان فیصله دادن به چنین رویداد های هولناکی هستند مردم هم صبرشان تمام شده است در این شهر کسی جرات ندارد به تنهایی جایی برود و پا به کوچه بگذارد. حال شما اینجا آمدید و از ذکاوت و قدرت و تیزهوشی و مدرنی تجهیزات قاتل حرف می زنید و تعریف می کنید، بهتر است بروید و کارتان را دقیق تر انجام دهید و خبر دستگیری قاتل را برایم بیاورید، تا پایان امروز فرصت دارید یا او را دستگیر کنید یا استعفای خود را روی میزم بگذارید، مرخصید.

کمیسر ضمن احترام ازدفتر رئیس خارج شد.

با رفت و آمد سطح شهر مکان هرنوع جابه جایی برای قاتل آسان‌تر شده بود و ماموران با مشکل بیشتری می توانستند او را بین مردم پیدا کند. به نظر می‌آمد قاتل فراری می توانند از شلوغی سطح شهر برای تغییر مخفیگاه و یاشناسایی مکان دیگر برای جنایت تازه استفاده کند.

طبق شواهد قاتل جنایت خود را در فاصله های نامعین در سطح شهر به اجرا می گذاشت، قاتل در چند منطقه مختلف دست به جنایت زده بود به گفته کارشناسان قاتل پس از هر جنایت و سریعتر از آن منطقه خارج میشود و خود را در مکان دیگری مخفی و دست به جنایت تازه ای می زند و صد البته در یکی از این جا به جایی ها ردش توسط سگ ردیاب مامور نگون بخت شناسایی شده بود که به علت عدم هوشیاری و هماهنگی با دیگر نیروهای پلیس قاتل توانسته او را غافلگیر کند واز پای درآورد وخود نیز متواری شود قاتل به طرز حیرت آوری تا کنون توانسته بود خود را ازچنگ ماموران پلیس فراری دهد و مخفی باشد.

این مسئله باعث شگفتی ماموران از زیرکی وشیادی قاتل در مخفی کردن خودش از دست آنها بود. او چگونه می‌توانست از بین نیروی پلیس زبده آماده خود را جابه جا کند و دیده نشود. هوای بارانی باعث ضعیف شدن شامه بویایی سگ های ردیاب پلیس شده بود و آنها کارایی چندانی نداشتند و این خود هم یک دلیل قانع کننده برای افسران و ماموران گشتی پلیس شده بود. روز به نیمه رسیده بود. مردم در جنب و جوش و فعالیت بودند. ابر سیاه در حال جابجا شدن و حرکت کردن بود. باد دیگر به شدت گذشته نمی وزید. طبق گزارش هواشناسی ابرهای باران زا تا دو روز دیگر در این منطقه می باریدند. و احتمال ریزش تگرگ و وزش باد شدید میرفت. هوا کم کم رو به تاریکی بود ، هنوز شب نرسیده بود که هوا تیره و تار شد ابرسیاه موجب تاریکی هوا شده بود. از آسمان صدای چند غرش خفیف بلند آمد،به نظرمی امد آسمان قصد ساکت شدن را نداشت و ابرها هم نمی خواهند بروند.

باد کمی شدت گرفته بود و هوا کمی طوفانی بود .غرش ابر سیاه هم بلند تر و مهیب تر به گوش می رسید و نور ساعقه در پهنه ی آسمان پخش می شد. در دور دستهای آسمان چند ساعقه به زمین فرود آمده بود و چند درخت را سوزانده بود. چند گوسفند در یک مزرعه بر اثر اصابت صاعقه هلاک شده بودند ولی کسی آنها را ندید. با فرا رسیدن شب مردم با عجله و پر شتاب به سوی خانه هایشان در حرکت بودند. صدای غرش ابرها و رعد و برق در پهنه ی آسمان بر وحشت مردمان افزوده بود ، ترس از حمله قاتل فراری در بین مردم وحشت ایجاد کرده بود و غرش گاه و بی گاه آسمان بر این ترس بیشتر می افزود.

آسمان با غرش شدید رعد آذرخش و برخورد رعد و برق و تیر آذرخش به یک پست تقسیم نیرو و در آنی کل شهر را در خاموشی فرو برد. با قطع برق ترس و وحشت در بین ساکنین شهر و مردمان پیاده افزوده شده بود.

ابر سیاه بیشتر صدای خوفناکش را به گوش مردم می رساند و لرزه به تن انسانها انداخته بود ، فروشگاهها ی بزرگ هنوز مشغول کاسبی و رفت و امد مشتریان بودند ، دو دختر جوان هم بی خیال و شادمانه مشغول خرید و لذت بردن از اجناس فروشگاه بودند که برق قطع شد ، قطع برق باعث نگرانی و ترس آنها شده بود. آنها خریدهای ضروری خود را انجام داده بودند ، شتابان پس از قطع برق دو دوست رو به هم : بهتر است زودتر به خانه برویم و به راه افتادند.

باران زیادی نمی بارید فاصله آنها تا خانه هایشان چندان زیاد نبود می توانستند با کمی پیاده روی به خانه یشان برسند. یکی از آنها چتر خود را گشود تا خیس نشود ولی برای دوستش زیاد باریدن نم نم باران مهم نبود ، کف خیابان خیس بود ، بی خیال راه می رفتند و حرف می زدند و از شجاعت خود می گفتند و اگر چه شود ،چه می کنیم ، می گفتند و می خندیدند.

ناگهان آسمان چنان غرشی کرد که خون در رگهای آن دو خشک زد و از ترس به خود لرزیدن. یکی از آن دو به دوستش گفت باید سریعتر برویم ، خطرناک است دیشب از برنامه خبری تلویزیون محلی خبر قتلهای فجیعی را پخش کرده بود ، گزارشگر می گفت قاتل هنوز فراری است تازه بسیار تاکید کردن دیر وقت در کوچه و خیابان به تنهایی نباشید. دوستش هم سری تکان داد و با اشاره به او گفت ما که تنها نیستیم دو نفریم من چتر خودم را محکم به سرش می کوبم و فرار می کنیم ، سپس هر دو خندیدند و به راه خود ادامه دادند.

کاش تاکسی می گرفتیم ؟ پیاده حال بیشتری دارد. نه در چنین شب و زمانی که همه از قاتل فراری می گویند . دختر ترسیده ایی؟ نه کاملا. داشت دروغ می گفت ، برای دلخوشی دوستش اینگونه وانمود می کرد که نترسیده است. دست های هم را محکم با هم گرفته بودند و قدمهایشان را تندتر کرده بودند.

ابر تیره داشت بالای سرشان جولان می داد. به نزدیکی های کوچه خودشان رسیده بودند باید از قسمتی که پر از درختان انبود و بلند بود می گذشتند تا وارد کوچه می شدند. دیگر راهی نمانده بود. صدای زوزه باد و هو هو ان در لابلای شاخسار درختان به گوش می رسید.

صدای غرش ابرهای تیره به گوششان می رسید چند رعد و برق و آذرخش به آن نزدیکی اصابت کرده بود ، ترس آنها را برداشته بود شروع به دویدن کردند چند اتومبیل به سرعت رد شده بودند و چندین اتومبیل در کنار خیابان پارک شده بود.

ابر تیره به غرش در آمد و تیر آذرخش را رها کرد به درختی در چند قدمی دو دختر نگون بخت کوبید و آنها را به قسمتی از جاده پرت کرد سر یک دختر جوان به جدول کنار خیابان برخورد کرد و خون از سر و دهانش جاری شده بود ، دختر جوان دیگر هم به شدت به کف خیابان برخورد کرده بود. از بینیش خون به بیرون می ریخت.هردونقش برزمین شده بودند.خیابان تاریک بود چیزی دیده نمی شد.هردو به طوری پرت شده بودند که بیشتر شبیه یک سانحه تصادف بود تا برخورد صاعقه.بعد اندکی راننده تاکسی عبوری جنازه دونفر را درکنار خیابان دید.قرارگاه پلیس با محل حادثه فاصله زیادی نداشت سریعاُ خود را به ایستگاه پلیس رساند ومراتب را به ماموران پلیس اطلاع داد وخودهم به همراه آنها برای نشان دادن محل دقیق حادثه رهسپارشد.

یکی ازمصدومان هنوز زنده بود ولی یکی از آنها به علت شدت ضربه وارده به سرش در دم جان داده بود.

مراتب سریعاً به آورژانس اطلاع داده شد تا آمبولانس برای حمل مجروح به بیمارستان فرستاده شود.کمکهای اولیه برای نجات جان مصدوم به سرعت انجام شد.خبر حادثه درخیابان هجدهم به اطلاع مسئولین پلیس ویژ ه رسانده می شود وماموران ویژه پلیس سریعاً درمحل حادثه حاضر شدند ومحل حادثه را مورد بازرسی وبرسی قرار دادند.حادثه رخ داده شباهت چندانی با قتل وجنایات روزهای گذشته شهر شمالی نداشت این مورد بیشتر به تصادف وحادثه این چنینی می نمود. که ممکن بود رخ داده باشد وراننده خاطی از ترس یا دشمنی صحنه تصادف را ترک نمود ومتواری شده بود.با تمام این فرضیه ها کمیسر عالی جنایی دستور برسی دقیق صحنه حادثه را داد.مامورین تمام محل حادثه را به دقت برای پیدا کردن رد لاستیک اتومبیل بر اثر ترمز ناگهانی یا خورده شکسته های چراغهای اتومبیل یا موتورمورد بازبینی دقیق قرار دادند وهیچ چیزی کشف نشد.

اما هرچه بود حادثه ای رخ داده بود وکسانی صدمه دیده بودند وانسانی جان باخته بود. پس از برسی های زیاد ماموران متوجه شکافی دایره واری برروی شاخه درخت تنومندی شدند که به شدت سوخته بود وشکافی در تنه شاخه ایجاد کرده بود.پس از وارسی دقیق معلوم میشود که قاتل از اسلحه مخوفی از فاصله چند صد متری از بالای آپارتمانهای اطراف اهداف خود را مورد اصابت قرار داده بود.آن سان که تنه سوخته وسوراخ به وجود آمده دردرخت نشان می داد بدون شک اسلحه ضارب از نوع الکتریکی یا لیزری پرقدرت بود که می توانست از هر مانع یا اجسام به آسانی عبور کند وصدمه خود را با تمام قدرت وارد کند بی شک قاتل این دو نفر از بالای

یک آپارتمان ده طبقه به سمت آنها شلیک کرده بود ولی براثر برخورد گلوله لیزری با تنه درخت قدرت وشدت الکتریکی آن کاسته شده بود واین امر سبب صدمه کمتر یکی از مصدومین شده بود.یکی ازمامورین چاله ای درکف جاده در مسیر همان گلوله ردشده ازتنه درخت پیدا کرده بود که به علت پرشدن از آب باران کمتر به چشم می آمد.آب باران چاله را از دید پنهان کرده بود.ولی با کمی دقت اثرات یک برخورد به خوبی مشهود بود. فرمانده پلیس خود به محل حادثه برای بازدید ازچگونگی جنایت وعلائم مشخص به محل حادثه درخیابان هجدهم آمد طبق گزارشات اولیه وتوضیحات کارآگاهان پلیس علت مرگ یکی ازقربانیان اصابت موج ایجاد شده انفجار وپرت شدن آن دو دختر وبرخورد سریک دخترنگون بخت به جدول کنارخیابان ذکر شد.ویکی از دو دختر هنوز نیمه جانی دربدن داشت ضارب به علت فاصله وعدم دید کافی نتوانسته بود آن دو رادقیقا مورد اصابت قرار دهد. به نظر افسر کارشناس پس از حمله وبرخورد گلوله به شاخه درخت وسپس زمین موج قوی برخواست که آن دو دختر را پرت کرده بود.

به نظر می آمد قاتل همان جنایت کار فراری روز گذشته باشد.از صحنه جنایت عکس وگزارش تهیه شد. فرضیه های احتمالی صحیح به نظر می رسید امکان آن می رفت قاتل از یکی از ساختمانهای بلند کنار خیابان مجاور دودختر نگون بخت را مورد حمله قرار داده باشد.حادثه تصادف آنها منتفی علام شد.

خوشبختانه یکی از آن دونفر هنوز زنده بود.معلوم بود شاخه درخت جان اورا تا حدی حفظ کرده بود. ولی براثر ضربه وپرت شدن صدمه دیده بود.ریس پلیس هنگام بازدید صحنه قتل دختر جوان را مورد بازرسی قرار داده بود وگفته کارآگاه پلیس را

تائید نمود که علت مرگ دختر نگون بخت شدت پرتاب وبرخورد محکم سر مقتول با جدول کنار خیابان است که او جان دادبود.

قاتل برای اولین بار دچار اشتباه شده بود. به نظر می رسید آنچنان هم زیرک ودقیق نیست.

کسی به درستی شاهد ماجرا نبود تا علت دقیق حمله ویا مشاهده چهره قاتل خبری دهد. معلوم بود قاتل طی روز خود را به این قسمت از شهر رسانده بود. ومخفی منتظر انجام جنایت بود.

در جان پناه بالای ساختمان ۱۰ طبقه مجاور ماموران هنگام بازرسی چند قوطی خالی نوشیدنی وته سیگارهای کشیده شده پیدا نمودند که برای شناسایی دی ان ای قاتل اثر احتمالی انگشت وبزاق درپاکت های مخصوص جهت ارسال به واحد جرم شناسی ارسال نمودند.

تمام منطقه اطراف به دقت مورد بازرسی قرار گرفت.ماموران بعد کشت و بازرسی های یکا یک ساختمانهای بلند ونیمه کاره موفق به دستگیری فردی مظنون وقاتل نشدند.

چند کارگر بی خبروخواب آلود را برای بازجوی بازداشت کرده بودند.که دریکی ازساختمانهای نیمه کاره در اطراف محل حادثه ساکن شده بودند.آنها برای پاسخ به پاره ای پرسش وابهام پیش آمده درباره علت حضورشان در آن محل به اداره پلیس انتقال یافتن.

بعد ساعتی تنها نقش به جا مانده از رنگ سفید دور محل جنازه ومصدوم درکف خیابان وچند قطره خون روی سنگ فرش خیابان که نشان از یک اتفاق درد آور در

آن نقطه می داد چیزی باقی نبود. محل حادثه با نوار زرد رنگی مشخص بود. جریان برق شهر وصل شده بود. دلیلی دیگر برای ماندن پلیس درآن منطقه نبود. افراد پلیس محل را ترک کرده بودند. ولی به دستور رئیس پلیس گشت زنی درآن منطقه بیشتر مشهود بود تا احساس امنیت وآرامش اهالی محل بیشتر جلب شود. واحتمال دستگیری ضارب مسلح نیز بیشتر شود.

پیکر نیمه جان یکی از قربانیان حادثه به یکی از بیمارستانهای مجهز شهر انتقال یافته بود. پزشکان وپرستاران بیمارستان در همان اولین لحظات ورود مصدوم مشغول معاینه واقدامات اولیه نجات جان مصدوم شده بودند.

اتاق عمل برای جراحی های نجات بخش بر روی دختر نگون بخت سریعاُ آماده شد.

خبره ترین تکنسین ها در اتاق عمل حاضر بودند. دخترنگون بخت نیاز به چند عمل فوری نجات بخش داشت تا بتواند ازحالت کما خارج شود.

دختر در کما وبیهوشی کامل قرار داشت.چند عمل حیاتی وفوری برای بند آوردن خون ریزی در شریانهای حیاتی مغز او انجام گرفت.

بعد چند عمل اولیه خون ریزی شریانهای مغز بند آمده بودند. ولی شدت تورم مغز وفشار بر جمجمه دختر نگران کننده بود.خطر از دست رفتن به علت ضربه شدید وخون ریزی های پنهان داخلی ولخته خون داخل مغز بالا بود. طی درخواستی که ازطرف ریس پلیس ازمسولین بیمارستان شده بود اوخواهان توجه ومراقبت فوق العاده از این دختر جوان برای زنده نگهداشتنش شده بود.

پزشکان شانس زنده ماندن دختر نگون بخت را به حد تحمل و مقاومت بدن دختر بعد کمکهای نجات بخش اولیه می دانستند. آنها می دانستند دیگر کار خاصی از دست آنها برای کمک بیشتر به دختر جوان ساخته نیست.مگر مقاومت وپایداری جسم دختر بیچاره برای زنده ماندن همه چیز به بهوش آمدنش بستگی داشت. و تا زمانی که بهوش نیاید قادر به انجام هیچ عمل دیگری بر روی او نخواهند بود. نگهبانان تمام بیمارستان را تحت نظر گرفته بودند. از مصدوم به خوبی محافظت می شد.

به نظر پلیس جنایی قاتل ممکن بود هر آن برای از بین بردن شاهد واقعه و شناسایی نشدنش دست به اقدام جسورانه بزند وشاهد را سربه نیست کند.در اداره پلیس بازجویی از افراد بازداشت شده وکارگران مظنون در جریان بود.

پس از سوالات وجوابهای افراد بازداشتی کسی به چیزی اعتراف نکرده بود ویا نشانه ای از قاتل در اختیار ماموران قرار نداده بود.

گشت زنی در سطح شهر به دقت در جریان بود از تلویزیون محلی وقوع حادثه تازه در شهر دربین خبرها اعلام شد. گزارشگر خبر محلی از مردم شهر تقاضا کرد دقت بیشتری در حفظ سلامت وایمنی خود وخانواده شان داشته باشند واز بسته بودن درهای ورودی وپنجره های منزل خود مطمئن شوند.تا از ورود افراد ناشناس جلوگیری شود.

مردم درها ی خانه های خود را چک کردند ازبسته بودن آن مطمئن می شدند ترس و وحشت ازحمله احتمالی باعث دلهره وترس بین خانوادها شده بود.

بعضی هم سلاحهای خود را برای مقابله احتمالی آماده کردند. رعب و وحشت تمام شهر را در خود فرو برده بود. اکثر چراغهای ساختمانها روشن شده بود. مردم برای اطمینان چراغهای اتاقها وسردر ها را روشن کرده بودند. شبح ابر سیاه بی مهابا در بالای شهر جولان می داد ومی غرید.

برای امنیت بیشتر ومقابله با درگیری احتمالی ماموران لباسهای ضد گلوله وماسکهای ضد ضربه به تن کردند.

صدای غرش رعد وبرق وحشت مردم را دوچندان کرده بود و برشدت اضطراب ونگرانی مردم افزوده بود.

با هرغرش مهیب آسمان دلی فرو میریخت کودکان در آغوش امن مادرانشان فرو رفته بودند.

غرش ابرسیاه با وزش بادهای تند در هم آمیخته بود. صدای بهم خوردن رعب آور اشیا از هرگوشه وکناری شنیده می شد. گاهی گلدانی ازبلندی به زمین می افتاد ومی شکست. گوشها تیز شده بودند وهرصدای را دنبال می کردند. دیگر امکان نداشت در این تاریکی و وحشت و باد شدید و باران کسی یا فردی در خیابان در رفت وآمد باشد.

به نظر اکثریت حتی قاتل فراری هم با این باد وطوفان سهم گین جای امنی برای اختفا پیداکرده بود درآن مخفی شده بود.

ابرسیاه با آذرخش رعد بر دلهره ساکنان شهر افزوده بود وتیر رعدش را به درختی در نزدیکی دکل برق کوبید. وآن را بر روی کابلهای برق انداخت.

برای چندمین با برق شهر دوباره قطع شد. هر بار آسمان می غرید ترس ودلهره بیشتری درچشمان کودکان برق می زد. وحشت از تاریکی آنها را به گریه وا می داشت.صدای هولناک طوفان و رعد آذرخش وقطع بی موقع برق شهر کار ماموران را دشوار کرده بود.

قطع برق باعث تاریکی معابر وخیابانها شده بود وغرش آسمان وزش باد شدید برالتهاب ماجرا ودشواریهای کار ماموران افزوده بود. وآنها را دچار ترس ودلهره از خطرات پنهان در تاریکی روبرو کرده بود.

هرآن ممکن بود که قاتل فراری از این فرصت برای ضربه زدن به آنها استفاده کند. ویا از دیوار خانه ای بالا برود افراد بیگناه دیگری را به قتل برساند. طی سالیان قبل وزش بادهای تند این چنینی وطوفان وبارش شدید باران به همراه غرش شدید آسمان به همراه حوادث چنین دحشت بار برای مردم شهر شمالی سابقه نداشت.کسی تا کنون به یاد نمی آورد چنین صداهای به این شدت گوشخراش و وحشتناک.

صدای برخورد رعد و برق وآذرخش چنان بلند وقوی بود که پنجره ساختمانها می لرزیدند.غرش آسمان دلهای مردم را فرومی ریخت و بر وحشت آنها می افزود. آسمان قصد آرامش نداشت. مردم از آمدن به کنار پنجره وحشت داشتن صدای غرش آسمان و وزش باد چنان شدید بود که کسی توجه به ضربه ها و افراد خارج از خانه نمی کرد. یکی از ساکنین یک مجتمع که از کار برگشته بود به علت وحشت سرایدار و نگهبان ساختمان بیرون در در تاریکی وبی برقی مانده بود. با ضربه به در و فریاد های بلند می خواست کسی در را برویش باز کند.کسی به کسی توجه نداشت.ترس و وحشت و باد و بوران شدید مانع شنیدن صدای دیگری می شد. با

آن همه ضربه ای که به در زده بود و فریادهای بلند بعد چندی نگهبان مجتمع پی به داد وفریاد وضربه به در شد ودر را برای فرد بخت برگشته ترسان ولرزان باز کرد. همه مشکلات به علاوه بی برقی باعث برهم خوردن نظم وانضباط نگهبانان ساختمانها شده بود.

گشتهای ویژ پلیس به علت بدی آب وهوا متوقف شده بود ونیروهای گشتی از خیابانها به مقرهای خود باز گشته بودند.

پس از دو روز گزارش دفتر اطلاعات سری ارتش مرکزی گزارش مفصلی از عدم سرقت وعدم وجود اسلحه قدرتمند این چنینی در اختیار ارتش را به دفتر پلیس شهر شمالی ارائه کرد واعلام داشت تاکنون کسی گزارشی از مفقود شدن اسلحه های مخفی وپیشرفته ارتش گزارش ننموده و چنین اتفاقی از سوی ارتش رد شد.

ولی این امکان را مد نظر قرار دادن که ممکن هست چنین اسلحه مخوفی توسط باندهای تبهکار وجود دارد. و آن را منتفی ندانستند.

با پیشرفت علوم ودانش در همه عرصه ها ممکن بود چنین سلاحی در جایی ساخته شده باشد وتوسط باندهای تبهکار به داخل مرزهای کشور قاچاق شده باشد.ومورد استفاده افراد تبهکار قرار گرفته باشد.

اطلاعات ارتش مرکزی آمادگی ارتش را برای کمک به شناسایی ودستگیری مجرمین وکمک به پلیس برای شناسایی علل وعوامل جنایات اعلام داشت. ومراتب درجریان نهادن ارتش درصورت کشف ویافتن اسلحه این چنینی ودستگیری افراد وعوامل این حادثه را در اولین فرصت به ارتش مرکزی گذارش دهند.تا آنها هم بتوانند تحقیقات خود را در این زمینه انجام دهند.درنیمه های شب برق شهر وصل

شد.ریس پلیس دردفترخود منتظر شنیدن خبر تازه ای بود طول وعرض دفترش را با افکارگوناگون در سرش طی می کرد. جواب قانع کننده ای برای اطلاع به مقامات بالا ترش پیدا نکرده بود.مشکلات وحوادث جوی دست به دست هم داده بودن تا اورا پیش مقامات بی کفایت جلو دهند.

برایش جای تعجب وسوال بود؟ چگونه آن همه مامور ورزیده وزبده پلیس تاکنون نتوانسته بودند.قاتل یا قاتلین فراری را دستگیر کنند.رشته افکار ریس پلیس با صدای تلفن ازهم گسست.پشت خط منشی دفتر ستاد پلیس بود که خبر تماس فرماندار منطقه را اعلام نمود واجازه وصل تماس را از ریس پلیس خواست ریس پلیس اندکی مکث کرد واجازه وصل ارتباط را داد.

ریس پلیس سلام جناب فرماندار :فرماندار هم مختصر سلام وگپ وگفتی با ریس پلیس انجام داد واز ریس پلیس سوالاتی راجب به اتفاقات منطقه شمالی وشهرتحت کنترل او پرسید.ریس پلیس خلاصه وارشرح اتفاقات واقدامات وفعالیتهای نیرو های تحت امرش را به اطلاع فرماندار رسانند.

از گفته ها وسوالات فرماندار معلوم بود که از اقدامات وگفته های ریس پلیس قانع نشده بود.

بعد پایان تماس فرماندار ریس پلیس به یکی از افسران دستور داد تا به بیمارستان برود. واز نزدیک جویای احوال جسمی دختر مصدوم حادثه باشد. ومشاهدات خود را به او گزارش دهد.

برای ریس پلیس زنده ماندن دختر جوان واظهارات ومشاهداتش بسیار با ارزش ومهم بود. به نظر ریس پلیس گره کور تمام حوادث وقتلها می توانست با گفته ها

واظهارات ومشاهدات دختر جوان باز شود. واوهم از زیر بار آن همه سوال بی پاسخ خلاص شود.

تا آن زمان متخصصان وکارآگاهان ماهر پلیس ومشاوران روان شناسی دایره سنجش افکار عمومی پلیس نتوانسته بودند انگیزه وعلت جنایات وقتلها را تشریح کنند. وچگونگی عمل کرد روانی قاتل را در اجراع قتلها پیش بینی کنند. واز وقوع قتلهای بعدی پیشگیری یا ممانعت کنند.

تا کنون هیچ انگیزه مشخص از چگونگی حمله قاتل به مقتولین و علتهای دیگری از جنایات پیدا نشده بود.

کسی انگیزه قاتل را از کشتن افراد بی گناه به آن صورت فجیح وغیر انسانی نمی دانست ولی معلوم بود که قاتل با انگیزه قبلی دست به چنین قتلهای وحشتناک و گسترده در نقاط مختلف شهر زده است.

اکثر فرضیه ها مردود اعلام شده بودند قاتل نه انگیزه مالی داشت ونه انگیزهای خانوادگی و جنسی حتی انگیزه انتقام و اخراج وعوامل کاری هم در میان نبود. هیچ انگیزه ای در قتلها ی صورت گرفته دخیل شناخته نشده بود. شواهد ومدرکی دال بر رابطه داشتن قاتل با مقتولین هم یافت نشده بود.

از جیب هیچ یک از مقتولین چیزی به سرقت نرفته بود.کشته شدگان در منطقه های مختلف شهر در یک بازده زمانی وتاریکی مطلق در هنگام قطع برق به قتل رسیده بودند.

تنها فرضیه ممکن جنون آدم کشی در تاریکی که آنهم مدرک مستدلی در اختیار پلیس نبود.

ولی برای کارآگاهان پلیس مسجل شده بود که برخلاف نظرات قبلی قتلها از بالای طبقات ساختمانهای بلند صورت گرفته است و حمله به طرف مقتولین از جان پناهای پنهان ساختمانهای بلند صورت گرفته بود.به نظر کارشناسان جنایی می توان اسنباط کرد که قاتل خود را در مکانی بلند وامن دور از دید مخفی می کند وشکار خود را در تاریکی مطلق که مقتولین از روشنایی تلفن دستی خود استفاده می کنند مورد اصابت قرار می دهد.به همین علت هم اکثر غریب به اتفاق تمام تلفن دستی ها شکسته و از کار افتاده کنار مقتولین پیدا شده است.تمام عکسها وشواهد صحنه حاکی از این بود که مقتولین از بالا مورد اصابت قرار گرفته بودند. اکثر حملات از کمر به بالاصورت گرفته بود که نشان از حدسی بودن شلیک به سمت هدف بود.که خود موجب مرگ آنی مقتولین بود.عکسهای مقتولین وگزارش پزشکی قانونی اکثر حملات را به سر وناحیه قفصه سینه و بالا تنه مقتولین بیان می کرد.از همین رو درتاریکی وطوفان شبانه کسی توجه به اطراف وارتفاعات ساختمانهای بلند ندارد. تا شاهد بر ماجرا باشد.به همین علت کسی نتوانسته بود قاتل را شناسایی کند.

تنها یک مصدوم که هنوز در حال دست وپنجه کردن با مرگ بود.دخترجوان نگون بخت. دختربیچاره درقسمت مراقبتهای ویژه بیمارستان بیهوش بود وحال جسمانی مساعدی هم نداشت.

دراطراف اتاق مراقبتهای ویژه خانواده دختر نگون بخت دیده می شدند که با نگرانی ودلشوره منتظر بهوش آمدنش بودند.

پدر خانواده با مسئول تیم پزشکی مشغول گفتگو بود وخواستار رسیدگی بیشتر به حال دخترش بود. او درخواست پاسخگویی درست پزشکان به او وخانواده اش از اوضاع جسمی دخترشان بود. وخواستار دانستن وضعیت جسمی مسدومشان بود.

پزشکان درجواب او اطمینان دادند که آنها هرچه در توان داشتن وامکانات پزشکی اجازه می داد انجام دادند تا حال دخترشان بهبود یابد. واز هیچ کاری برای نجات جان دخترشان کوتاهی نکردند ونخواهند کرد. تنها مانده به هوش آمدن دختر جوان تا بتوانند کارهای اصلی برای پایداری وبهبود دختر جوان صورت گیرد.آنها ضمن بیان کردن اوضاع جسمانی دختر جوان در هنگام ورود که به شدت صدمه دیده بود وحال مساعدی اصلاً نداشت واکثر علائم حیاتی او از کار افتاده بود.وآنها تلاش خود را برای احیا او انجام دادند. از پدر دختر جوان خواشتار شکیبایی وبردباری بیشتری شدند تا پزشکان بتوانند کارهای ضروری نجات جان فرزندشان را بخوبی انجام دهند.

با تمام این اوصاف پدر دختر جوان درجواب گفت: اگر شما فکر می کنید در این بیمارستان نمی شود کاری برای نجات دخترم انجام پذیرد ما او را به یک بیمارستان مجهزتری انتقال بدهیم.

مسئول تیم پزشکی با بیان این که ما بهترین وماهرترین پزشکان مغزواعصب شناسی منطقه را برای زنده نگهداشتن دختر شما فراخواندیم.

و آنها هر چه در توانشان بود انجام داده اند دیگر کاری نمانده مگر به هوش آمدن دختر شما ، ما بخوبی از بیمارمان مراقبت خواهیم کرد و هر چه در توان داریم انجام می دهیم.

به شما قول می دهم نگران حال دختر عزیزتان باشید. ولی این را بدانید ما هم به اندازه شما نگرانیم.

دختر شما در شرایط دشواری است و بهتر از شما خونشردی خود را حفظ کنید. من فکر نکنم در چنین شرایط حساس صلاح باشد دخترتان را از این بیمارستان حرکت بدهید. او در شرایط بسیار بحرانی و خطرناکی بسر می برد و هر آن ممکن است شرایط جسمی او تغییر کند.

کاری از دست کسی ساخته نبود. وضعیت جسمی دختر جوان بی اندازه خطرناک و بحرانی نشان می داد هر چند لحظه پرستاران حال عمومی او را چک می کردند .آمپولهایی برای زنده نگه داشتنش به او تزریق می کردند. طی چند ساعت قبل چندین بار حال دختر وخیم شده بود و به کما رفته بود و با زحمت و تلاش فراوان پرستاران و پزشکان دوباره ضربان قلب او احیا شده بود.

دختر نگون بخت در حال دست و پنجه نرم کردن با مرگ بود فعالیتهای حیاتی او بسیار کم بود.

باز جویی از افراد باز داشت شده در اداره پلیس به پایان رسیده بود و ماموران انها را بی گناه تشخیص داده و آزادشان کردند.اثر انگشت آنها بر روی قوطی نوشابه در چند روز گذشته بر جای مانده بود و آنها در آن زمان مشغول کار بودند.

سپیده صبح داشت فرا می رسید ، حال عمومی دختر بعد از تحمل درد و رنج فراوان ، به حالت بحرانی رسیده بود ، فعالیتهای مغزی او از کار افتاده بود. تورم شدید مغزی باعث از بین رفتن علائم حیاتی او شده بود. پرستاران و پزشکان متخصص از سلعتها قبل بر بالای سرش مشغول احیا و باز گردانی علائم حیاتی او بودند. پس از ساعتها تلاش و تحمل درد و رنج فراوان ، تلاش پزشکان برای نجات جان او بی نتیجه ماند و دختر نگون بخت به علت شدت صدمات وارده به مغز و بدنش نتوانست زنده بماند.

با مرگ دختر همه سرنخها دوباره از دست رفته بود و تمام برنامه های پلیس برای شناسایی قاتل از طریق اظهارات دختر نقش بر آب شده بود. دیگر کسی نبود تا نشانی قاتل فراری را داشته باشد. شبح سیاه ابر نیره این بار هم با اقبال روبرو شده بود ، تیر آذرخش خشم و کینه اش خلاصه باز تنها مانده را به کام مرگ فرستاد.

شبح ابر سیاه آخرین قهقه رعد آسایش را بر فراز شهر پخش کرد اما صدایش چندان بلند نبود تا به گوش همه برسد ، غرشش ، صدای کینه و جنونش از تاریکی و خوی زشتش نشات می گرفت که طی روزها بر ملا ساخته بود.

شبه سیاه ابر تاریک از اینکه آخرین قربانی او در شهر شمالی برفی نتوانسته بود جان بدر برد خوشحال بنظر می رسید . شبح ابر سیاه با وزش بادهای جنوبی از سطح شهر به آرامی دور می شد و گاهی با خشم می غرید ، افسوس بیشتر نمی توانست آنجا ماندگار باشد تا خشم و کینه بی قیدش ر ا از زمین و کوههای استوارش بگیرد. تا طلوع خورشید درخشنده و زندگی بخش از افق دشتهای پهناور و وسیع ابر سیاه از پهنه آسمان شهر رفته بود. هوا با تلئلو در خشان خورشید گرمابخش روشن می شد. اشعه درخشان خورشید در پهنه آسمان شهر بر شاخسار درختان زندگی دوباره را نوید می داد.

زیبایی رنگهای طبیعت در افق آسمان به صورت رنگین کمان هفت رنگ نمایان گشته بود و جلوه گر بود. پس از آرامش آسمان و روشنایی خورشید عالم تاب شهر در آرامش و زندگی فرو می رفت دیگر اتفاق تلخ و گزنده ایی رخ نداد رئیس پلیس و کارآگاهان به این نتیجه رسیدند که ممکن است قاتل فراری از شهر گریخته باشد و در مسیر شهر و دیار دیگری متواری باشد به دستور رئیس پلیس پیامی به تمام مراکز پلیس کشور مخابره شد مبنی بر فرار مجرم فراری خطرناک و جانی بلفطره

که طی چند روز جان چندین انسان بی گناه را در شهر شمالی گرفته بود و خانواده های بسیاری را داغ دار و عذار عزیزانشان کرده بود ، هم اکنون این قاتل فراری از این شهر گریخته و ممکن است به سوی شهر شما متواری شده باشد ، از ان مراکز پلیس تقاضا داریم اقدامات لازم را برای شناسایی

و دستگیری قاتل فراری شهرشمالی مبذول دارند ، قاتل فردی خطرناک و قصی قلب و دارای جنون ادم کشی بدون لحظه ایی تفکر و انسانیت می باشد و اسلحه او مرگبار و خطرناک می باشد . تقاضا داریم پس از شناسایی یا دستگیری قاتل فراری و جانی الفطره مراتب را به این حوزه پلیس اطلاع دهید. با تشکر رئیس پلیس شهر شمالی

پس از چند روز اوضاع شهر به حالت عادی بر گشته بود خبری از قتل و جنایت در شهر نبوده مردم هم دیگر داشتن از فکر قاتل فراری بیرون می آمدند و آرامش دوباره به شهر بازگشته بود و شبح سیاه هم از شهر رفته بود.

این یک واقعیت پنهان در ابرهای آسمان است که هر آن ممکن است شبح ابر سیاه و تاریک به سمت شهر شما در حرکت باشد و هر آن ممکن است تیر آذرخشش را بر سر مردمان بی خبر و بی گناه شهر شما فرو ریزد ، پس از شما دوست و خواننده گرامی تقاضا می شود در هوای ابری و طوفانی با ابرهای سیاه و تاریک و رعد آذرخش خطرناک از خانه هایتان با گوشیهای روشن در دست خارج نشوید و در معابر خیابانها بی خیال با کفشهای خیس قدم نزنید ، ممکن است شما شکار بعدی شبح ابر سیاه بشوید ، اگر به آسمان بالای سرتان دقت کنید به آسانی می توانید ابرهای خشمگین ، آب های اقیانوسها و دریاهای خروشان را مشاهده کنید و صدای هولناک برق آسای آذرخش را بشنوید ، شبح سیاه به سمت شهر شما پیش امده او

به همراه خود تیرهای آذرخش مرگبارش را دارد و جز خرابی و ویرانی و مرگ چیزی را هدیه نخواهد داد.

آفتاب بالا آمده بود روز داشت تمام زیباییهایش را به مردمان شهر شمالی نشان می داد و خورشید با روشنی بی همتایش احساس زیبایی زندگی را دوباره در دل مردمان شهر جاری می کرد.

باشد شما هم روز و شبهای زیبا و زندگی پر جاذبه ایی داشته باشد.

پایان